Warih Wisatsana

Warih Wisatsana

May Fire & Other Poems

English translations by Joan Suyenaga
German translations by Michael Groß

BTW

LONTAR

Warih Wisatsana
May Fire & Other Poems
(a trilingual edition in English, German, and Indonesian)

The Lontar Foundation
Jl. Danau Laut Tawar No. 53
Jakarta 10210 Indonesia
www.lontar.org

BTW is an imprint of the Lontar Foundation

Publication of this book was made possible, in part, with the generous assistance of BNI 46

Partial funding for its translation was provided by the Translation Funding Program of Badan Pengembangan dan Pembinaan Bahasa, the Ministry of Education and Culture, the Republic of Indonesia.

Design and layout by Emir Hakim Design
Printed in Indonesia by PT Suburmitra Grafistama
ISBN No. 978-602-9144-99-4

Contents

by the way…

(a note from the publisher)

Since its establishment in 1987, the Lontar Foundation of Jakarta, a non-profit organization devoted to the promotion of Indonesian literature, has focused on the goal of creating a canon of Indonesian literature in English translation. With that as its mission, the Foundation has published close to 200 books containing translations of literary work by several hundred Indonesian authors. In its 28 years of existence, Lontar has published numerous significant and landmark works. By the end of this year, 2015, for instance, Lontar's Modern Library of Indonesia series will contain fifty titles by many of Indonesia's most important authors, with representative literary work spanning the entire twentieth century and beyond. These titles, together with *The Lontar Anthology of Indonesian Drama*, *The Lontar Anthology of Indonesian Short Stories*, and *The Lontar Anthology of Indonesian Poetry*–the latter two of which will be published this year–will make it possible to teach and foster appreciation of Indonesian literature anywhere in the world through the medium of English. Further, with changes in print technology, Lontar's titles are now available throughout the world in a matter of days and for a fraction of the cost in former times.

The authors whose work Lontar has published are recognized by both foreign and Indonesian literary critics and literati as some of the best writers Indonesia has ever produced. Naturally, however, given the scope of time covered by Lontar publications (from the late nineteenth century to the present) many of these authors are now elderly or already deceased. Which is why Lontar has now developed a new imprint, BTW Books, through which the Foundation will now begin to introduce to the world other talented Indonesian writers whose work is hardly known outside the country's borders yet has been deemed by both literary critics and Lontar's editorial board to be worthy of international attention. (In general, authors who already have one or more books available in translation, either in English or another major international language, were not considered for inclusion in this, the first stage, of the series.)

Because of the abundance of talented Indonesian authors, the selection of the first 25 authors was difficult to make, but Lontar's hope is that if the series proves successful in achieving its goal, the Foundation will then be able to produce translations by another 25 authors and then another 25 authors and so on in the years to come.

Because of the not-for-profit nature of Lontar's work, none of Lontar's numerous ventures would be possible without the generosity of others. In the case of BTW Books, Lontar is especially grateful to BNI 46 for its generosity in underwriting a large percentage of the cost of this series' publication. Lontar is also grateful to the authors in this first stage of the series who, in their knowledge of the promotional nature of this series, agreed to forego royalties and other forms of monetary recompense. Lontar must also thank Emir Hakim and his design team; the many talented translators who contributed much valuable time to this project; and, last but not least, my editorial board and staff who selflessly devoted themselves to the goal of making this project a success.

John H McGlynn

Introducing Warih Wisatsana

Warih Wisatsana was born in Cimahi, West Java, on April 20, 1965. He spent his youth in Central Java. In the 1980s, he moved to Denpasar and met with several young poets in the Sanggar Minum Kopi group. His first poems were published in the literary pages of the newspaper *Bali Post.* He feels that he was born as a poet in Bali, which is very rich in the Hindu-Bali culture that is a characteristic of that island. A collection of his poetry *Ikan Terbang Tak Berkawan* was published in 2003. In addition to this, his poems have been published in several national publications and anthologies.

Recently, Warih has focused on writing about visual arts and has also been involved in several collaborative projects with visual artists, choreographers and theater directors in Bali.

He works as the manager and curator of Bentara Budaya Bali, an active art center in Denpasar. While active in organizing literature appreciation activities in schools and communities throughout Bali, he is also a facilitator for Komunitas Sahaja, an organization of young writers who organize cultural and art events.

Warih's poems often present an unusual scenes and invite the reader to continuously question the reality of that scene. For instance, an evening scene is not only "a pool of shadows on a dead tree", but also may present someone who commits suicide and who has a letter for the reader in his pocket. However, these poems are not meant to shock: the voice is gentle, not forceful, not overstated in form. Sometimes the poems are dark, but often that darkness–as often occurs when the speaker wishes to reach out to the other side of reality–is softened by the presence of ordinary objects: a hat, crickets, grass, sunlight, for example.

A variety of "I"s appear in the treasury of Warih's poetry: "I" who with the evening glow crosses over to the night and meets the fairy of the well; "I" who is lost in the first line of a poem; "I" who is a headless statue and who is isolated alone in a museum; "I" who searches for her own memory; "I" who does not emerge again in the poem just to give the space to you, an aspiring actor. The poet pushes the poem to the threshold between reality and dream, between memory of the past and occurrence of today, between death and life.

Warih's lyrics delve into the cultural heritage of his homeland without the intention to show local color or political identity. The sensitive reader will discover elements of local traditions that are raised to the level of universal understanding, such as Balinese dance that is removed from its costumes, music and audience, and stripped down to movements that are no longer tied to space and time.

Nirwan Dewanto

E

May Fire

After the fire died
The reality now;
the hiss of burnt wood
or the sound of bones cracking

To a sobbing mother
I whisper words of sympathy;

This sky lit by a celebration of fireworks

But in the desolate evening
We can only suspect, can only guess
There is nothing missing, there is nothing that has
become ashes

We only suspect; a child whimpers
Melts into a shadow. Scorched on the searing floor
that cannot be peeled off!

I kiss cold ash, the stench of burnt meat
I hear the roar of shots

faint footsteps in the early morning
But we may only think, may only suspect
A rioter, a guilty looter
has died with gaping wounds
beneath the dim light of the garden lantern
beneath the flash of anxious fireflies

I am queasy, feverish. My vomit of last night
pooling on the newspaper
on the page with news of a great harvest.
I shiver, unrestrained; the poor one complains of pain
turns into coughs blood rage
turns into banners of curses of street demonstrators
turns into whistles of the wind
that store the seeds of the tornado

The statue of the goddess of safety
burnt in the deserted attic
Its wings turn to ash unable to fly
In the grip of cold hands
a young girl
who shivers in a dim corner, naked

One night, after the fire died
The remains of the ash lit again full of questions

Not understanding whose breath ignited it
The stench and the whistles
surround me alone in the garden
Dim like memories; I hear a hoarse whisper
of the dead like the lament of the owl:

"My friend, words are fire,
seeds of fire that scorch it!"

Then beneath the dim starlight
I examine carefully the difference between ash and
dust.

The Threshold of Evening

The evening for you is not the final drop of
        sunlight

Or a puddle of shadows
on the trunk of a dead tree
that sets stains of time in the folds of my hat

It is also not the view at the threshold of evening
        where the garden feels deserted
        to an old man who is alone all day

Now what do you wish you remember,
a story of the dew and the grass?
A peaceful smile, a shack of salt?

Or a path to the past
        through the mangrove forest
where the echoes of bells and prayers
resound softly in the air
        that is infused with fragrant incense?

As everything is created just so,
stop asking. An allusion to the apple
        Eternal original sin
let it be read in a line of a wise poem
where a catepillar quietly slips in
wanting to become a symbol of fruitless sacred love

Now what worries you, a bomb explosion in the
        quiet morning?
Or someone's suicide, a jump from the seventh floor
and the police finding a letter for you in the pocket?

        Here, everything has changed
        Yesterday's evening
        no longer crosses paths
                with today's evening

A joyous day for the lizard
who makes love on the rocks comes to an end. A
        gloomy day
for the mountain eagle who is alone in love

A day that slips into the ear
coaxing anyone to believe that we
        live in an illusory third world country

where swamps and estuaries are flooded with
pesticides

And on the edge of the universe, a new
earth has just been created
waiting for the arrival of its first
residents
Humans who are not allusions to or imitations
of heaven.

Because everything vanished just so;
The cricket lost its nest
when we hastily searched for a way home.
Stop asking, I will throw my hat
into the air
so the drops of light shower upon our faces.

Obituary of the Painter Salim

If my hand were really stone
what would the death that I touch become

Is it possible it would become a branch
or a statue from which part of the body
                    breaks off after years of rain
Or is it possible it would come close
          and whisper to me
that my hand although stone
                    will not be eternalized by time

In this garden there are only the two of us
Death in disguise as the trees
I quietly become the grasscutter
          stretching time
Chatting about anything
from forgotten wedding attire
to the first day of creation

He reveals his secret to me
that he is weary of visiting patients

who lie in hospitals
                                        or those who are negligent when
                    crossing streets

If my hand were really stone
what would the death that I touch become

Is it possible it would intentionally stretch time
and permit me to go once again
to visit friends who I love

It is Like That Every Night

It is like that every night we meet
imitating a drop of water absorbed into the wall
imagining a baby bird
sleeping a season in the hollow of a rock

If we are bored with sharing stories
He coaxes me to wear your mother's mask
Assuring me repeatedly
that your body is only an illusion of marble
a pool of memories that vanishes instantly
when a hand touches it gently

The body that will one day become compost of
dead roots
let it now incarnate as an old tree
where a pair of squirrels scamper happily
not caring who created the statue in this garden
an image of you being coy all day long

If I lie gloomy in bed
and do not want to look

When he pretends to be crazy
like an anxious father
standing at the doorway until evening
waiting for the youngest who has not yet come home

Or becomes a desperate lover
like a solitary stone pillar
standing in the crossroads
until the light in your room is turned off

Then shouts from the fourth floor window
startling people passing by
who suspect that he will recklessly jump

Another time he muses in the bathroom
washing his face over and over again all night long
feeling like a forgotten flying fish
murmuring the names of the rivers and seas in his
        sleep

I urge him to visit the orphanage
an old person with uncertain steps
welcomes us with an empty laugh before he
        reaches the door

I whisper to him that this will be our fate in the
future
he just smiles as if it is normal

If we do not feel happy soon
he dances in front of me
releasing his past day by day
intentionally obstructing my way to the door
while repeatedly breaking plates
drowning out the sound of my anger

It is like that every night we meet
every time we celebrate our birthdays
lighting candles in front of the mirror
kissing each other's foreheads and stroking faces
that who knows why in the end always look the
same

History of a Tree

Every evening grandfather visits mother
He always stops first at the edge of the ravine
He offers the same flowers
                    to that statue
I do not know if he is really praying
Or just uttering a mantra

After that he exchanges glances with me
He tells the same old story
That formerly at the crossroads
          there was a hundred-year old tree
Whose roots spread out wildly
like the fingers of dancers
Whose shady branches spread upward
like the faces of loyal devotees

He told the story repeatedly
as if the tree really grew
                    with my ancestors
Great kings who were exiles
hunted princes across the sea

The story of unfinished days
carved into the moss at the foot of the temple

He believes that in me
there is the seed of nobility
That will grow luxuriantly
surpassing all other trees

As usual mother stayed with grandfather
silently all night in the room
in the place where I was born
Deliriously raving about rain
falling through the roof tiles pooling on the bed

That is how I grew up year after year
With the evening glow crossing into night
Meeting fairies guarding the well
who constantly coaxed him to go
leaving mother alone

Asking the secret of the holy water in the pitcher
writing an inscription on the lontar palm leaf
A path home for father
who has not yet returned

Even now I do not know whether mother believes
That the tree has really grown inside of me

Praise For Your Hands

Your hand is like a sunset without light
your hands are like intersecting shadows
in the quiet evening

Every time a word has a secret cave or path
Your hand writes it, writes it
while recalling me
A man who comes
            to you futilely
            at an advanced age

Your hand is like a light shower
that wants to erase tears
that wants to wipe the sorrowful blue sky

Your hand is like the eye of the dead in the morning
that penetrates the forest of shadows
that resonates gloomy roars
through walls, through ruins
in the city of your mother's old age

I am the man who reads all of your poems, who
comes to you
who dreams about the hand that is softer than death
who dreams about the hand that is lonelier than
evening

I am the man who is lost in the first row, not believing
really not believing, why upon the last word a person
is swept away to a feeling of emptiness; why the
story about heaven
does not make him happy does not make him as
joyful
as it did he was when he was young and at his
mother's side

Your hand drops almonds all day long
your hand silences stones fighting at the bottom of
a pool waiting
Your hand, my hand, is it the hand of time that is
limp lost waving

Death and I come with the same fragrant flowers
Death and I share the suffering of secrets of the
first kiss;
but not in your poem.

Temple

Temple. Shadow of the temple
Cluster from the past
that floods you

I am nailed there, weary statue
that sleeps with faded open eyes
and pale gaping mouth

Carved into the inscription
everything as if eternal
where I will be born again
years of endless searching for the source of holy water

Here the mossy pitcher on my shoulder
longing for the well
the place where grandfather guided me
along the edge of the river passing over the ravine
finding you, praised mother of all rice

Swimming across the old river
what other fast current will pull me

Father never taught me
how to save myself
from a flash flood from a hurricane
a sign in the sky that cannot be resisted

That is the secret hidden in the pitcher
sculpted in the moss at the foot of the temple
so that this story is written and read again

Memorabilia

My memory, hey my other self
you are a decomposed tree
or tiny shoes forgotten in the grass

Many years with you, but never once did I remember
you are the little one hiding in the mirror
who comes to me with a sad smile
or spends all day happily imagining you are a fish
swimming alone aimlessly at the bottom of the sea

Within you I never meet anyone
except me who leaves every evening to visit the park
playing percussion in the street and asking everyone
what is the last song to celebrate life at this time

Every night I encounter a part of myself that likes
to be alone
walking to the station and always sitting waiting for
the train
waving my hand at the passengers in the windows
then leaving after the bell rings three times

Who will remember this man
and remind him that after the performance
he is still wearing the mask of his lover off stage

My memory, hey mirror that neglects you
Many years with you, but never once did I remember
that it was I, the doubter, who deceived the wall
without friends playing shadows, loving the gloomy
part of myself
where it knew me sobbing all night waiting for
mother

Give me the night that makes me sleep deeply for
a moment
then awaken in the morning without sleeping pills
no need to wash hands or wipe my forehead again

There is no need to run around the yard
while imagining
that in your careless self
there is someone who calls out in the distance
telling the world that in a little while it will really
be over

My memory, hey mirror of my childhood
it has been years with you now I know

if you are the beautiful body that refuses to be
touched
I am the feeling of guilt that does not want to
surrender
if you are the blue thumbnail of the dead
I am the nail polish that does not want to come off

If you are the desperate early morning rain
I am the restless seed in a hole in the grieving ground
if you are the river overflowing all night
I am the roots that broke down the rocks on the
river's edge

Who will remember this man
and remind him
that I will always remember you

Proverb of a Statue

After my head was chopped off and displayed
in the underground chamber
of a foreign museum
My cracked eye wept all night
imagining my beautiful body covered with moss
recalling thousands of past years
the moment that devoted holy person prostrated in
prayer at my feet

Has a devastating earthquake destroyed my country?
Holy people and good-hearted followers, where
have you gone?
Or have they died by the holy sword of the traitor?

Questions spin wildly in the dark cavities in my head
Hoarse like the voice of the owl
or the rough whisper of the axe
that asks for pardon before it slashes
the soft base of my neck;
I sobbed all night
imagining

remembering my distant homeland
My fate now is no different from myself
stacked up dusty
displayed as a prisoner in a foreign country
in tattered old history books
in shreds nibbled by moths

My cracked eyes wept,
how was it possible that this great country could be
destroyed
vanished in a moment
like a grain of sand in the middle of a whirlwind

But history is not blind forever
not mute and deaf forever
Eyes and ears that have witnessed
how it is possible to be negligent forever
or pretend to not know
In one hundred or one thousand years more
At the moment a horse trots in the distance
someone will come
to visit this museum
to sneak into the underground chamber
He will hear the hoarse whispers and my sobbing

Amazed I am impressed
in the silence of his eyes
I find pieces of my body
I find
shadows of the country in the future
and a line of holy people sitting in meditation

One hundred or one thousand years more
there will come
there will come the moment my form will be whole
perfect
So at that magical moment I will declare the truth
that all this time I have kept secret.

First Lesson of an Actor

Try to imitate the sound of an owl
then move as quickly as the first word
because a middle-aged man
is pointing a pistol at his forehead

Imagine your mother's sad face
walking slowly in the rain
you whistle at her side
leading a small dog

In this way this stage becomes a station
a place where a pair of lovers break their promise
one commits suicide
            the other one pretends to die

Or an emergency room
            of a hospital
with windows open all night
                        waiting for the moon to die
You are a doctor as well as a patient

expecting death to drop by for a moment
just to test the painkilling medicine

For a play full of surprises
every event
                    stores possibilities
the shadow of the hand is an eagle
                              also the gallows
So take off your mask slowly
give the holiest gaze
to the wicked who wants to confess his sin

Do not neglect the buttons of your clothes
                    that unintentionally fell loose
Who knows if it was by god's grace
that wanted your elegant spontaneous movements

In the dim corner of the room
in your isolated self
what is the difference now between
a normal person who is miserable
and a blind king who is unhappy

Graffiti Full of Graffiti

Wall filled with graffiti
song of dead people
comforter for whoever
is homeless in this world

I found a crack to enter
in a gap in the wall
like a line in my poem
that is shy
that is doubtful

A tiny bit of a sentence
retains a slice of pain
tranquilizers all night
before the gallows

I found a crack in myself
a gap to enter for the poem
graffiti full of graffiti for whoever
is not touched by the wall again

So I read
sometimes transform into whoever
sometimes become whatever

Sighs of lovers
who are sad at parting
in the beautiful sunset

Screams of fugitives
moans of the owls
cries of ghosts in the darkness

Sometimes only nonsense
gravel in the street
that is cold

Hey poem that is not rejected
Hey gap crack in myself
Hey poetic lover of eighteen years
let us be homeless in this world

In the Clear Eyes of Your Child

for ND

In the clear eyes of your child
You are running
                    chasing a kite
          of your lost childhood.

Their cheers are not the whispers of the wind
that coax your age
                    to be stretched
passing the toy tamborine in the yard
passing the joyful time of the birds
going up, going up
          even illusions released
                    broken off
What is left in the lines of the palms of your hands
only the day that is
          entangled in bad news

Their cheers are not the cries of an old woman
who is weary of kneeling in the doorway
telling a story of a letter she is waiting for
while in the street you are running

chasing the postman
asking the address of the fate that has been lost

In the yard children roll around
happily playing the tamborine
stretching their ages
imitating your hornbill flying
imitating the kite of your missing childhood
flying, flying
farther than the stars!

To the sky to the sky
their prayers pass
three tips of dry teak trees
higher clearer passing
three gloomy mountain peaks

Old soul alone struggling in the sky
body weak weary secluded in the center of the earth.

The Poet and His Girl

Only the poet knows
at the edge of the pool
his girl is pensive
imagining a worm
in the overripe apple

A worm that was bitten
Like the feeling of guilt
the endless bitterness
at the tip of the tongue

Only the girl knows
the poet was doubtful all night
observing the pool losing the moon

G

Maifeuer

Nachdem der Feuerherd erlosch
Wird es jetzt deutlich;
das ist das Knistern versengten Holzes
oder das Geräusch explodierender Knochen

Einer schluchzenden Mutter
Flüstere ich traurig Worte der Ablenkung zu;

Dieser Luftraum flammt wegen eines
Feuerwerkfests.

Aber an einem düsteren Spätnachmittag
Können wir nur vermuten, können wir nur
mutmaßen
Nichts ging verloren, nichts wurde Holzkohle

Wir können nur vermuten; ein Junge stöhnt
Geschmolzenes wird Vorstellung. Versengtes auf
heißem Fußboden
kann nicht entrindet werden!

Ich rieche kalte Asche, es stinkt nach verbranntem
Fleisch
Ich höre das Echo von Schüssen
undeutlich vernehmbare Stiefeltritte am frühen
Morgen
Aber wir können nur glauben, dürfen nur
vermuten
Ein Unruhestifter, ein Plünderer im Unrecht
starb mit einer offenen Wunde
Im trüben Licht der Gartenlampe
unter dem traurigen Funkeln der Glühwürmchen

Ich übergebe mich, habe Fieber. Erbreche mich
die Nacht lang
Es strömt auf Zeitungspapier
auf die Seite mit dem Bericht über die prächtige
Ernte.
Ich schaudere, halte es nicht aus; das kranke
Stöhnen des Armen
wird ein zorniger Bluthusten
Wird Transparent Fluch von Demonstranten auf
der Straße
Wird Heulen des Winds
das den Keim zu einem Orkan in sich enthält

Die Statue der Glücksgöttin
versengt auf dem verlassenen Dachboden
Ihre Flügel wurden flugunfähige Holzkohle
Im kalten Griff der Hand
ein Mädchen
Das in düsterem Winkel zittert, nackt

Eines Abends, nachdem der Feuerherd erlosch
Glühen die Kohlenreste weiter voller Fragen
Verstehen nicht wessen Atem sie jetzt anfacht
Es stinkt und ein Knistern
umzingelt mich allein im Park
Düster eine Art von Erinnerung; ich höre das heisere
Flüstern des Toten als klagte die Eule:

„Mein Freund, diese Worte sind Feuer,
Keim zu einem versengenden Feuer!".

Unterm melancholischen Licht der Sterne
Prüfe ich dann sorgfältig, was Asche und Staub
unterscheidet.

Schwelle später Nachmittag

Der Nachmittag ist für dich nicht der letzte Strahl
        Sonnenlicht

Oder Schattenteich
bei einem toten Baustamm
der in den Ritzen meines Huts den Makel der Zeit
        übrig lässt

Auch keine Landschaft an der Schwelle später
        Nachmittag
        wo dem alten Mann der den ganzen Tag
        allein ist
        der Park so verlassen vorkommt

Woran möchtest du dich jetzt erinnern,
an eine Erzählung von Tau und Gräsern?
Das ruhige Lächeln der Salzhütte?

Oder an einen Fußpfad in die Vergangenheit
        der am Mangrovenwald vorbeiführt
wo der Widerhall von Glöckchen und Gebeten

leise erklingt in der
weihraucherfüllten Luft?

Weil alles einfach so geschaffen wurde,
hör zu fragen auf. Das Gleichnis mit dem
Apfelfruchtfleisch
Ewige Ursünde
mag sie in einer klugen Gedichtzeile gelesen
werden
wo insgeheim eine Raupe hineinschlüpft
Symbol einer reinen vergeblichen Liebe werden
möchte

Wovor hast du jetzt Angst, vor einer
Bombenexplosion am stillen Morgen?
Oder dass jemand Selbstmord begeht, aus dem
sechsten Stock springt
und die Polizei einen Brief an dich in einer Tasche
seiner Kleidung findet?

Hier hat sich alles verändert
Der Nachmittag der gestern
Spätnachmittag war
überkreuzt sich nicht mehr länger
mit dem jetzigen Nachmittag

Vorbei ist ein fröhlicher Tag für die
Garteneidechsen
die sich auf den Steinen liebten. Ein trübsinniger Tag
für einen Bergadler sehr verliebt und allein

Ein Tag der ins Ohr schlüpft
überredet wen auch immer zu glauben dass wir
in einem virtuellen Land der dritten Welt
leben
wo Sümpfe und Flussmündungen mit Pestiziden
überschwemmt werden

Und am Rand des Universums wurde die
Erde erst geschaffen
wartet auf die Ankunft des ersten
Bewohners
Ein Mensch der weder Gleichnis noch
Imitation des Himmels ist.

Denn alles wurde einfach so ausgelöscht;
Die Heuschrecke hat den Feldrain verloren
als wir eilends den Heimweg suchten.
Hör auf zu fragen, damit ich diesen meinen Hut
in die Luft werfe
so dass Lichtstrahlen unser Gesicht überfluten.

Nachruf auf den Maler Salim

Wenn meine Hand wirklich ein Stein wäre
was würde dieser Tod werden den ich anfasse

Wird er vielleicht nur ein Zweig werden
oder eine Statue deren Körper teilweise
durch jahrelangen Regen Risse
bekommen hat
Oder wird er vielleicht näher kommen
und mir zuflüstern
dass meine Hand wenn auch Stein
nicht durch die Zeit unvergänglich
wird

In diesem Park hier sind nur wir zwei
Der Tod der sich als Baum verkleidet
ich der ich heimlich Schnitter geworden Gras
abmähe
ziehen die Zeit in die Länge
Plaudern über alles Mögliche
von der vergessenen Hochzeitskleidung
bis zum ersten Schöpfungstag

Er eröffnet mir sein Geheimnis
dass es ihn selber anödet die Patienten zu besuchen
die im Krankenhaus liegen
                    oder unachtsam die Straße
          überqueren

Wenn meine Hand wirklich ein Stein wäre
was würde dieser Tod werden den ich anfasse

Würde er vielleicht absichtlich die Zeit in die
          Länge ziehen
und mir erlauben mich noch einmal aufzumachen
um meine geliebten Freunde zu besuchen

So ist es jeden Abend

So treffen wir uns jeden Abend
ahmen die Wassertropfen nach dringen durch die
Wand
stellen uns ein Vogeljunges vor
das eine Saison lang in einem Steinloch schläft

Wenn uns das gegenseitige Geschichtenerzählen
anödet
Überredet er mich die Maske deiner Mutter
aufzusetzen
überzeugt mich wiederholt
dass dein Körper nur Phantasie-Marmor ist
Aufschwemmung von Erinnerungen die im Nu
verschwinden
wenn eine Hand sie leise berührt

Der Körper der später Dünger einer toten Wurzel
wird
mag er jetzt als ein alter Baumstamm Gestalt
annehmen

wo sich ein Eichhörnchenpaar fröhlich
herumschwingt
unbekümmert darum wer die Statue in diesem
Park geschaffen hat
Nachahmung deiner selbst der du den ganzen Tag
schüchtern sein möchtest

Wenn ich trübsinnig im Bett liege
und keine Lust auf Blickwechsel habe
Stellt er sich einen Augenblick lang verrückt
wie ein nervöser Vater
der bis zum späten Nachmittag an der Türschwelle
steht
und auf das jüngste Kind wartet das nie heimkehrt

Oder er wird ein verzweifelter Geliebter
der wie eine Steinsäule einsiedlerisch
an einer Seitenstraße steht
bis das Licht in deinem Zimmer verlischt

Dann schreit er gellend am Fenster im dritten
Stock
erschreckt die Vorübergehenden
die vermuten er sei entschlossen zu springen

Ein andermal grübelt er im Badezimmer
wäscht sich die Nacht lang immer wieder das
Gesicht
fühlt sich wie ein vergessener fliegender Fisch
der im Fieber die Namen von Flüssen und Meeren
sagt

Sogleich überrede ich ihn er soll ein Waisenhaus
besuchen
ein alter Mann mit zögernden Schritten schafft es
nicht zur Tür
sagt „willkommen“ und lacht hohl

Ich flüstere ihm zu dass das bald unser Schicksal
sein wird
er lächelt nur als wäre das etwas ganz Normales

Als sich bei uns kein Glück einstellt
tanzt er vor mir
legt eins nach dem andern seine Vergangenheit ab
verlegt mir absichtlich den Weg zur Tür
und zerbricht dabei wiederholt Teller
damit sich meine zornige Stimme nicht schrill
anhört

So treffen wir uns jeden Abend
feiern wiederholt Geburtstag
zünden einander Kerzen vor dem Spiegel an
küssen uns gegenseitig die Stirnen und betasten die
Gesichter
die aus welchem Grund auch immer endlich stets
dieselbe Form haben

Lebenslauf eines Baums

Jeden Spätnachmittag besucht Großvater Mutter
Zuvor schaut er immer am Rand einer Schlucht
        vorbei
Reckt dieselbe Blume
                derselben Statue entgegen
Ich weiß nicht ob er wirklich betet
Oder nur eine Art von Mantra wiederholt

Danach wechselt er einen Blick mit mir
Erzählt aus derselben alten Geschichte
Dass es früher am Nebenweg
        einen jahrhundertealten Baum gab
Dessen Wurzeln sich wild vorwärtsreckten
wie die Hände von Tänzerinnen
Dessen dichtbelaubte Zweige nach oben sahen
als wären sie die Gesichter ergebener Verehrer

Manchmal erzahlt er
dieser Baum sei tatsächlich zusammen
                mit meinen Vorfahren gewachsen

Erlauchte verbannte Fürsten
übers Meer flüchtende Prinzen
Die Geschichte des Tages ist nicht zu Ende
am Fuß des Tempels grub sich Moos ein

Er glaubt in ihm selbst
sei der Same dieser Vorfahren
Der bald blattreich wächst
jeden Baum übertrifft

Wie gewöhnlich leistet Mutter dann die ganze
Nacht lang
Großvater Gesellschaft beim Schweigen in dem
Zimmer
wo ich früher einmal geboren wurde
Fieber lässt den Regen irre reden
durch die Dachziegel dringen das Bett
überschwemmen

So wachse ich Jahr für Jahr
Überquere zusammen mit bösen Geistern die
Nacht
Treffe die Fee die den Brunnen bewacht
die nicht aufhört mich zu beschwatzen

wegzugehen und Mutter allein zu lassen

Es fragen das Geheimnis des reinen Wassers im
Tonkrug
Palmblattmanuskripte und Inschriften
Heimweg für Vater
der nie zurückkehrt

Bis heute weiß ich nicht ob Mutter glaubt
Dass dieser Baum tatsächlich in mir selbst
gewachsen ist

Lob für deine Hände

Deine Hände sind wie eine Abenddämmerung die
ihr Licht verlor
deine Hände sind wie zwei sich überkreuzende
Schatten
an einem einsamen Spätnachmittag

Jedes Mal haben die Worte eine Höhle und
geheime Spur
Deine Hände schreiben sie auf, schreiben sie
und erinnern sich an mich
Ein nutzloser Mann
der zu dir kommt
in seinem schlappen Alter

Deine Hände sind wie ein Nieselregen
der die Tränen wegwischen möchte
der den betrübten blauen Himmel streicheln möchte

Deine Hände sind wie die Augen des Toten am
Morgen
die durch einen Wald von Schatten brechen

die ein melancholisches Echo widerhallen lassen
an den Wänden, in den Ruinen
der Stadt als deine Mutter schon alt war

Ich bin der Mann der alle deine Verse liest, zu dir
kommt
lasse die Hände die weicher sind als der Tod
fiebernd reden
lasse die Hände die einsamer sind als der späte
Nachmittag fiebernd reden

Ich bin ein Mann der sich in der ersten Reihe
verirrt hat, der nicht glaubt
wirklich nicht glaubt, warum am Ende der Worte
jemand
von einem Gefühl der Leere erfasst wird; warum
die Erzählung über den Himmel
ihn nicht glücklich macht ihn nicht froh werden lässt
wie in seiner Kindheit als er den ganzen Tag lang
fest neben seiner Mutter schlief

Deine Hände sind *Kenari*-Früchte die den ganzen
Tag lang herabfallen
deine stillen Hände sind Steine stoßen am Grund
des wartenden Teichs zusammen

Deine Hände, meine Hände, haben die Hände der
Zeit schlaff ihre Eleganz verloren

Ich und der Tod kommen mit demselben
Blumenaroma
Der Tod und ich teilen das geheimnisvolle Leiden
des ersten Kusses;
aber nicht in deinem Gedicht.

Tempel

Tempel. Schattenbild des Tempels
Ansammlung von Vergangenheit
die dich überströmt

Dort stecke ich fest, müde Statue
die mit matten geöffneten Augen schläft
und der bleiche Mund steht weit offen

In Inschriften ist alles
gemeißelt als wäre es ewig
wo ich später wiedergeboren werde
jahrelang unaufhörlich die Quelle reinen Wassers
suche

Jetzt setzt dieser Tonkrug auf meiner Schulter
Moos an
sehnt sich nach dem Brunnen
wo mich früher Großvater dazu anleitete
am Flussufer entlangzugehen Schluchten zu
überqueren

dich die gepriesene Mutter aller Reispflanzen zu
treffen

Schwimmend diesen alten Fluss zu überqueren
welche weitere reißende Strömung zieht mich fort

Vater hat nie gelehrt
wie man sich rettet
vor Sintflut vor Taifun
diesen unausweichbaren Zeichen des Himmels

So ist dieses Geheimnis versteckt im Tonkrug
am Fuß des Tempels hat sich Moos festgesetzt
damit diese Erzählung wieder geschrieben und
gelesen wird

Memorabilia

Meine Erinnerung, hallo mein anderes Ich
du bist ein morscher Baumstamm
oder ein hübscher im Gras vergessener Schuh

Jahrelang mit dir zusammen, kein einziges Mal
erinnerte ich mich
an dich Kleinen der sich im Spiegel versteckte
zu mir mit seinem trübsinnigen Lächeln kam
oder den Tag lang sich fröhlich vorstellte ein Fisch
zu werden
allein auf dem Grund des Meeres zu schwimmen
ziellos

In dir selbst habe ich zu keinem Zeitpunkt
jemanden getroffen
außer mich der ich jeden Spätnachmittag zum
Park ging
Perkussion auf der Straße spielte und alle Leute
fragte
mit welchem letzten Lied man dieses bisherige
Leben feiere

Jeden Abend erkenne ich den Teil meiner selbst
der vereinzelt
zum Bahnhof geht und auf einen Zug wartend
immer dasitzt
mit der Hand den Fahrgästen am Fenster zuwinkt
sich dann aufmacht nachdem die Glocke dreimal
erklang

Wer wird sich an diesen Mann erinnern
und ihn daran erinnern dass er nach der
Vorführung
noch die Maske seiner Geliebten außerhalb der
Bühne trägt

Meine Erinnerung, hallo Spiegel nachlässig dir
gegenüber
jahrelang mit dir zusammen, kein einziges Mal
erinnere ich mich
dass ich der Zweifler bin der früher die Wand
getäuscht hat
ohne Gefährten mit Schatten spielte, den dunklen
Teil seines Selbst liebte
wo er mich schluchzend die ganze Nacht auf
Mutter wartend erkannte

Gib mir die Nacht die mich einen Augenblick lang
        tief schlafen lässt
dann am Morgen ohne Beruhigungstabletten
        aufgewacht
brauche ich mir nicht die Hände zu waschen oder
        mir wiederholt über die Stirn zu wischen

Nicht nötig um den Hof herumzulaufen
und sich vorzustellen
dass es in diesem nachlässigen Selbst
jemanden gibt der in der Ferne ruft
von der Erde berichtet die kurz darauf wirklich ihr
        Ende finden werde

Meine Erinnerung, hallo Spiegel meiner
        Kindheit
jahrelang mit dir zusammen weiß ich jetzt
wenn du schöner Körper bist der es ablehnt
        berührt zu werden
habe ich ein Schuldgefühl das sich nicht ergeben
        möchte
wenn du der blaue Daumennagel des Toten bist
bin ich ein Leuchtkäfer der nicht verloren gehen
        möchte

Wenn du verzweifelter Regen am frühen Morgen
bist
bin ich der unruhige Same in der Ritze der
leidenden Erde
wenn du selbst ein die Nacht lang überströmender
Fluss bist
bin ich Wurzel die die Steine am Ufer aufsprengt

Wer wird sich an diesen Mann erinnern
und ihn daran erinnern
dass ich mich immer an dich erinnern werde

Gleichnis einer Statue

Nachdem mein Kopf abgeschlagen und ausstaffiert
wurde
im unterirdischen Raum
eines fremden Museums
Schluchzen meine geborstenen Augen die ganze
Nacht
bei der Vorstellung mein schöner Körper vermoost
bei der Erinnerung an Tausende vergangener Jahre
als diese reinen Menschen sich fromm zu meinen
Füßen zum Gebet niederwarfen

Hat ein gewaltiges Beben mein Land zu Fall
gebracht?
Reine Menschen und gutherzige
Gemeindemitglieder, wohin sind sie?
Oder starben sie durch den magischen Kris des
Verräters?

Alle Fragen drehen sich wild in der dunklen Höhle
meines Kopfes
Man hört sie heiser wie die Töne einer Eule

oder das raue Flüstern des Beils
das sich mitleidig entschuldigt bevor es
ins weiche untere Ende meines
Halses hackt;
Ich schluchze die ganze Nacht lang
Mir steht vor Augen
ich erinnere mich an die ferne Muttererde
Ihr Schicksal unterscheidet sich jetzt nicht von mir
staubiger Haufen
ausstaffiert um Gefangene in einem fremden Land
zu werden
in einem alten zerrissenen Geschichtsbuch
von einem Schwarm Motten
angeknabbert

Meine geborstenen Augen schluchzen,
wie war es nur möglich dass dieses erhabene Land
ausgelöscht wurde,
im Nu verschwunden
wie ein Sandkorn im Zentrum eines Orkans

Aber die Geschichte ist nicht für immer blind
nicht für immer stumm und taub
Auge und Ohr die Zeuge wurden

wie es möglich war die ganze Zeit unachtsam zu sein
oder angeblich nichts zu wissen
Es werden wieder hundert oder tausend Jahre
kommen
Es wird die Zeit kommen für Pferdetrab in der
Ferne jemand kommt
dieses Museum zu besuchen
in den unterirdischen Raum einzudringen
Er hört mein heiseres Flüstern und Schluchzen

Erstaunt bin ich verzaubert
in der Stille seiner Augen
finde ich einen Teil meines Körpers
ich finde
Vorstellungen des zukünftigen Landes
und eine Schar reiner Menschen kniet versunken da

Hundert oder tausend Jahre später wird
wird die Zeit kommen dass meine
Gestalt vollständig und perfekt ist
Also werde ich zu diesem geheimnisvollen
Zeitpunkt die Wahrheit bekannt geben
die ich bis jetzt verheimlicht habe.

Erste Lektion für einen Schauspieler

Versuche die Stimme der Eule nachzumachen
beweg dich dann so schnell wie das erste Wort
weil ein Mann mittleren Alters
sich eine Pistole an die Stirn drückt

Stell dir das traurige Gesicht deiner Mutter vor
die langsam im Regen dahingeht
du pfeifst an ihrer Seite
führst einen kleinen Hund

So wird diese Bühne zu einer Station
wo ein Liebespaar die Versprechen leugnet
das eine Selbstmord zu begehen
das andere angeblich zu sterben

Oder die Intensivstation
eines Krankenhauses
mit die ganze Nacht lang geöffneten Fenstern
auf Neumond wartend
Du bist Arzt und zugleich Patient

hoffst der Tod verweile einen Augenblick
einzig nur um die Schmerztabletten zu prüfen

Für dieses Schauspiel voller Schrecken
birgt jedes Geschehen
 die Möglichkeit in sich
der Schatten der Hand sei ein Falke
 auch ein Galgen

Leg also deine Maske langsam ab
Gewähre deinen reinsten Blick
dem Verbrecher der eine Sünde zugeben möchte

Vernachlässige nicht den Knopf deiner Kleidung
 der einfach so abgesprungen ist
Wer weiß ob das Gottes Güte ist
der deine eindrucksvolle spontane Bewegung
            wünscht

In einem Winkel des dämmrigen Raums
in einem vereinzelten Teil von dir selbst
was ist jetzt der Unterschied
zwischen einem gewöhnlichen Menschen im Elend
und einem blinden unglücklichen Fürsten

Graffiti voll Graffiti

Die Mauer ist voll Graffiti
Gesang von Toten
Geschichtenerzähler für wen auch immer
der kein Haus auf dieser Welt hat

Ich finde einen Spalt zum Eindringen
in diesem Riss in der Wand
für eine Zeile meiner Verse
die verschämt
die unsicher sind

Ein Stückchen Satz
das den schneidenden Schmerz aushält
Beruhigungsmittel für eine ganze Nacht
vor dem Gang zum Galgen

Ich finde im Riss meiner selbst
einen Spalt zum Eindringen für Verse
Graffiti voll Graffiti für wen auch immer
nicht mehr berührt von der Mauer

Also bin ich lesbar
nehme manchmal als wer auch immer Gestalt an
werde manchmal was auch immer

Das Klagen der Liebenden
die traurig scheiden
in einer schönen Abenddämmerung

Der Aufschrei Vertriebener
das Klagen eines Nachtvogels
Schluchzen eines Geists im Dunkel

Manchmal nur ein Fieberstammeln
Kieselsteine der Straße
die frieren

Hallo nicht zurückgewiesene Verse
Hallo Spalt und Riss meiner selbst
Hallo Geliebte achtzehn Jahre poetisch
lasst uns auf dieser Erde kein Haus haben

In der Klarheit der Augen deines Kinds

—nd—

In der Klarheit der Augen deines Kinds
Läufst du herum
jagst nach dem Drachen
der verlorenen Kindheit.

Ihr Jubeln ist kein Flüstern des Winds
das die verlängerte Lebenszeit
überredet
die Spielzeugtrommel im Hof hinter sich zu lassen
die fröhliche Zeit der Vögel hinter sich zu lassen
nach oben, nach oben
die Vorstellungen frei
abgelöst
Übrig in den Handlinien
sind nur verwickelte Tage
umschlungen von mehreren schlechten
Nachrichten.

Ihr Jubeln ist kein Schluchzen einer alten Frau
die müde an der Türschwelle sitzt
ein Märchen von einem erwarteten Brief erzählt
während du auf der Straße herumläufst
dem Briefträger nachrennst
nach der Adresse des entkommenen Schicksals zu
fragen

Im Hof wälzen sich Kinder herum
spielen fröhlich mit der Trommel
verlängern ihre Lebenszeit
ahmen deinen dahinschwebenden Nashornvogel
nach
ahmen den verschwindenden Drachen deiner
Kindheit nach
fliegen, fliegen
weiter als die Sterne!

Zum Himmel zum Himmel
lassen ihre Gebete
drei Wipfel verdorrter Teakbaum-Ruinen hinter
sich
höher noch heller eilig vorbei an
drei schwermütigen Berggipfeln

Der alte Geist mutterseelenallein dauernd in
Schwierigkeiten im Luftraum
dieser schwache und müde Körper isoliert auf dem
Grund der Erde.

Der Dichter und sein Mädchen

Nur der Dichter weiß
am Rand des Teichs
sein Mädchen ist melancholisch
stellt sich eine Raupe im Fruchtfleisch
des reifen Apfels vor

Eine Raupe die gebissen wird
Wie Unrechtsbewusstsein
endet ihre Bitterkeit nicht
an der Zungenspitze

Nur sein Mädchen weiß
dass der Dichter die ganze Nacht lang verunsichert
Zeuge war dass der Teich den
Mond verloren hatte

Api Bulan Mei

Setelah padam inti api
Jadi nyata kini;
itu desis kayu hangus
atau bunyi tulang meletus

Kepada seorang ibu yang tersedu
Kubisikkan dengan sedih kata-kata hiburan;

Angkasa ini menyala karena pesta kembang api.

Tapi di petang yang muram
Kita cuma boleh menduga, cuma bisa menerka
Tak ada yang hilang, tak ada yang menjadi arang

Kita cuma menduga; seorang bocah mengerang
Leleh jadi bayang. Hangus di lantai yang panas
tak bisa dikelupas!

Kucium abu dingin, bau amis daging terbakar
Kudengar gaung bunyi tembakan
sayup derap sepatu dini hari

Tapi kita cuma bisa mengira, hanya boleh menduga
Seorang perusuh, penjarah bersalah
tewas dengan luka menganga
Di bawah sorot redup lampu taman
di bawah kilau pilu kunang-kunang

Aku mual, demam. Muntah sepanjang malam
Menggenang di atas kertas koran
di lembar berita panen raya.
Aku gigil, tak tahan; keluh sakit si miskin
jadi batuk darah amarah
Jadi spanduk serapah demonstran jalanan
Jadi desing angin
yang menyimpan benih topan

Patung dewi keselamatan
hangus di atas loteng lengang
Sayapnya jadi arang tak sanggup terbang
Dalam genggam dingin tangan
seorang bocah perempuan
Yang gemetar di sudut remang, telanjang

Suatu malam, setelah inti api padam
Sisa bara menyala lagi penuh tanya
Tak paham napas siapa yang kini menyulutnya

Bau amis dan bunyi desis
mengepungku sendiri di taman
Remang serupa kenangan; kudengar bisik
parau si mati seolah keluh burung hantu :

"Sahabatku, kata kata itu api,
benih api yang menghanguskan!"

Lalu di bawah cahaya murung bintang-bintang
Aku teliti hati-hati, beda abu atau debu.

Ambang Petang

Sore hari bagimu bukan tetes terakhir cahaya
matahari

Atau genangan bayang
pada sebatang pohon mati
yang menyisakan noda waktu di sela topiku

Bukan pula pemandangan di ambang petang
di mana taman terasa begitu lengang
untuk lelaki tua yang seharian sendirian

Kini apa yang ingin kau kenang,
kisah embun dan rumputan?
Senyum tentram gubuk garam?

Atau jalan setapak ke masa silam
menyusuri hutan bakau
di mana gaung genta dan doa
berayun perlahan di udara
yang penuh wangi dupa?

Sebab segalanya tercipta begitu saja,
berhentilah bertanya. Kiasan daging apel
        Dosa asal yang kekal
biarkan terbaca dalam sebaris sajak yang bijak
di mana seekor ulat diam-diam menyelinap
ingin menjadi lambang cinta suci yang percuma

Kini apa yang kau cemaskan, ledakan bom di
        senyap pagi?
Atau seseorang bunuh diri, melompat dari lantai
        tujuh
dan polisi menemukan surat untukmu di saku
        bajunya?

    Di sini, semuanya telah berubah
    Sore yang kemarin petang
    tak lagi bersilang jalan
        dengan sore yang sekarang

Tamatlah sehari yang riang bagi kadal
yang bercinta di batuan. Sehari yang murung
untuk elang gunung yang kasmaran sendirian

Sehari yang menyusup ke dalam telinga
membujuk siapa pun untuk percaya bahwa kita

hidup di negeri maya dunia ketiga
di mana rawa-rawa dan muara digenangi pestisida

Dan di tepi jagat raya, bumi baru telah tercipta
menunggu datangnya penghuni
pertama
Manusia yang bukan kiasan atau tiruan dari
sorga.

Sebab segalanya sirna begitu saja;
Belalang kehilangan pematang
ketika kita bergegas mencari jalan pulang.
Berhentilah bertanya, biar kulempar topiku ini
ke udara
agar tetes cahaya menggenangi wajah kita.

Obituari Pelukis Salim

Seandainya sungguh tanganku sebuah batu
akan jadi apa maut yang kusentuh ini

Mungkinkah ia jadi sekedar ranting
atau patung yang sebagian tubuhnya
retak oleh hujan bertahun
Atau mungkinkah ia akan datang mendekat
dan berbisik padaku
bahwa tanganku meski batu
tak akan kekal oleh waktu

Di taman ini hanya ada kami berdua
Maut yang menyamar jadi pohonan
aku yang diam-diam jadi pemotong rumput
mengulur-ulur waktu
Bercakap-cakap tentang apa saja
dari pakaian pengantin yang terlupakan
hingga hari pertama penciptaan

Ia membuka rahasianya padaku
bahwa dirinya jemu mengunjungi pasien

yang terbaring di rumah sakit
atau yang lalai menyeberangi jalanan

Seandainya sungguh tanganku sebuah batu
akan jadi apa maut yang kusentuh ini

Mungkinkah ia akan sengaja mengulur-ulur waktu
dan mengizinkanku untuk pergi sekali lagi
mengunjungi sahabat-sahabat yang kukasihi

Begitulah Setiap Malam

Begitulah setiap malam kami bertemu
meniru tetes air menembus dinding
membayangkan seekor anak burung
tidur semusim di liang batu

Bila kami jemu berbagi cerita
Ia membujukku mengenakan topeng ibumu
Berulang meyakinkanku
bahwa tubuhmu hanyalah pualam angan
genangan kenangan yang sekejap lenyap
sewaktu tangan menyentuhnya perlahan

Tubuh yang kelak jadi rabuk akar mati
biarlah kini menjelma sebatang pohon tua
di mana sepasang tupai melayang riang
tak peduli siapa pencipta patung di taman ini
tiruan dirimu yang ingin tersipu sepanjang hari

Bila aku berbaring murung di ranjang
dan enggan berbagi pandang
Seketika dirinya berpura gila

bagai seorang ayah yang gelisah
berdiri di ambang pintu hingga petang
menunggu si bungsu yang tak kunjung pulang

Atau jadi seorang kekasih putus asa
serupa tugu batu penyendiri
berdiri di simpang jalan
hingga lampu kamarmu padam

Lalu memekik dari jendela lantai empat
mengejutkan orang-orang lewat
menduga dirinya akan nekat meloncat

Di waktu lain ia tercenung di kamar mandi
semalaman membasuh wajah berkali-kali
merasa diri seekor ikan terbang terlupakan
mengigaukan nama-nama sungai dan lautan

Segera kurayu ia mengunjungi rumah piatu
seorang tua dengan langkah ragu tak sampai ke pintu
mengucapkan selamat datang seraya tertawa hampa

Kubisikkan padanya bahwa kelak begitulah nasib kita
ia hanya tersenyum seolah itu hal yang lumrah saja

Bila kami tak kunjung merasa bahagia
ia menari di depanku
menanggalkan satu per satu masa lalunya
sengaja menghalangi jalanku ke pintu

sambil berulang memecahkan piring
agar suara marahku tak terdengar nyaring

Begitulah setiap malam kami bertemu
berkali merayakan hari kelahiran
saling menyalakan lilin di depan cermin
mengecup kening dan meraba wajah masing-masing
yang entah kenapa selalu saja akhirnya serupa

Hikayat Sebatang Pohon

Setiap petang kakek mengunjungi ibu
Selalu singgah dahulu ke tepi ngarai
Mengulurkan bunga yang sama
                    ke patung yang itu juga
Aku tak tahu apakah ia sungguh berdoa
Atau semata mengulang mantra serupa

Sesudah itu ia bertukar pandang denganku
Bercerita tentang kisah lama yang sama
Bahwa dulu di simpang jalan
          ada pohon ratusan tahun
Yang akar-akarnya terjulur liar
seperti tangan-tangan para penari
Yang ranting-rantingnya rimbun tengadah
seakan wajah para pemuja yang pasrah

Berkali ia bercerita
seolah sungguh pohon itu tumbuh
                    bersama leluhurku
Raja- raja agung yang terbuang
pangeran buronan seberang lautan

Kisah hari tak selesai
pahatan lumut di kaki candi

Ia percaya dalam diriku
ada benih luhur itu
Yang kelak tumbuh merimbun
melampaui segala pohon

Seperti biasa ibu lalu menemani kakek
berdiam semalaman di dalam kamar
tempat di mana dulu aku dilahirkan
Demam mengigaukan hujan
menembus genting menggenangi ranjang

Begitulah aku tumbuh tahun demi tahun
Bersama mambang menyeberangi malam
Menemui peri penunggu perigi
yang tak henti membujuk pergi
meninggalkan ibu sendiri

Bertanya rahasia air suci dalam kendi
suratan lontar dan prasasti
Jalan pulang bagi ayah
yang tak kunjung kembali

Hingga kini aku pun tak tahu apakah ibu percaya
Pohon itu sungguh telah tumbuh di dalam diriku

Pujian Bagi Tanganmu

Tanganmu seperti senja hilang cahaya
tanganmu seperti dua bayang bersilang
di petang yang lengang

Setiap kali kata punya goa dan jejak rahasia
Tanganmu menuliskannya, menulisnya
sambil mengenang aku
Laki-laki sia-sia
        yang datang padamu
        di usianya yang hampa

Tanganmu seperti gerimis
yang ingin menghapus tangis
yang ingin mengusap pilu langit biru

Tanganmu seperti mata si mati di pagi hari
yang menembus hutan bayang
yang menggemakan gaung murung
di dinding-dinding, di puing-puing
kota masa tua ibumu

Aku laki-laki yang membaca semua sajakmu,
mendatangimu
mengigaukan tangan yang lebih lembut dari maut
mengigaukan tangan yang lebih lengang dari petang

Aku laki-laki yang sesat di baris pertama, tak percaya
sungguh tak percaya, kenapa di akhir kata seseorang
terbawa rasa hampa; kenapa cerita tentang sorga
tak membuatnya bahagia tak menjadikannya suka cita
seperti ketika kecil dulu terlena seharian di sisi ibu

Tanganmu buah-buah kenari yang berjatuhan
sepanjang hari
tanganmu senyap batu beradu di dasar kolam yang
menunggu
Tanganmu,tanganku, tangan waktukah yang lunglai
hilang lambai

Aku dan maut datang dengan wangi bunga yang
sama
Maut dan aku berbagi derita rahasia kecupan
pertama;
tapi bukan
dalam sajakmu.

Candi

Candi. Bayangan candi
Gugusan waktu lampau
yang menggenangi dirimu

Terpaku di situ diriku, patung letih
yang tidur dengan mata layu terbuka
dan mulut pucat menganga

Terpahat dalam prasasti
segalanya seolah abadi
dimana aku kelak akan lahir kembali
bertahun tak henti mencari sumber air suci

Kini kendi itu berlumut di bahuku
merindu perigi
tempat dulu kakek membimbingku
menyusuri tepi sungai meniti ngarai
menemui engkau ibu terpuji segala padi

Berenang menyebrangi sungai tua ini
arus deras mana lagi yang menyeretku

Ayah tak pernah mengajari
bagaimana menyelematkan diri
dari banjir bandang dari puting beliung
isyarat langit yang tak tertolak ini

Demikian rahasia itu tersembunyi di dalam kendi
terpahat lumut di kaki candi
agar kisah ini ditulis dan dibaca lagi

Memorabilia

Ingatanku, wahai diriku yang lain
engkau sebatang pohon yang lapuk
atau sepatu mungil yang terlupakan di rumputan

Bertahun-tahun bersamamu, tak pernah sekalipun
kuingat
dirimulah si kecil yang bersembunyi di dalam cermin
datang padaku dengan senyumnya yang murung
atau seharian riang membayangkan diri jadi seekor
ikan
berenang sendirian di dasar lautan tanpa tujuan

Di dalam dirimu sekali waktu tak kutemukan
siapapun
kecuali aku yang pergi setiap petang mengunjungi
taman
bermain perkusi di jalanan dan bertanya pada
semua orang
lagu terakhir apakah untuk merayakan hidup yang
sesaat ini

Setiap malam kukenali bagian diriku yang penyendiri
berjalan ke stasiun dan selalu duduk menunggu kereta
melambaikan tangan pada para penumpang di
jendela
lalu beranjak pergi setelah lonceng berdentang tiga
kali

Siapakah yang akan mengenang lelaki ini
dan mengingatkan padanya bahwa seusai pertunjukan
ia masih saja mengenakan topeng kekasihnya di
luar panggung

Ingatanku, wahai cermin yang abai padamu
bertahun-tahun bersamamu, tak pernah sekalipun
kuingat
bahwa akulah si peragu yang dulu mengelabui dinding
tanpa kawan bermain bayang, mencintai bagian
kelam dirinya
di mana ia mengenaliku tersedu semalaman
menunggu ibu

Berilah aku malam yang membuatku nyenyak sejenak
lalu terbangun pagi hari tanpa pil penenang
tak perlu mencuci tangan atau mengusap kening
berulang

Tak perlu berlari mengitari halaman
sambil membayangkan
bahwa di dalam diri yang lalai ini
ada seseorang yang berseru di kejauhan
mengabarkan bumi yang sebentar lagi akan
        sungguh berakhir

Ingatanku, wahai cermin masa kecilku
bertahun-tahun bersamamu kini kutahu
bila engkau tubuh indah yang menolak disentuh
aku adalah rasa bersalah yang tak ingin menyerah
bila engkau kuku biru ibu jari si mati
aku kunang yang tak ingin menghilang

Bila engkau hujan dini hari yang putus asa
aku benih resah di celah tanah yang berduka
bila dirimu sungai meluap semalaman
aku akar yang meretakkan batuan di tepian

Siapakah yang akan mengenang lelaki ini
dan mengingatkan padanya
bahwa aku akan selalu mengingatmu

Amsal Sebuah Patung

Setelah kepalaku dipenggal dan dipajang
di ruang bawah tanah
                    sebuah museum asing
Mataku yang retak sepanjang malam terisak
terbayang tubuh indahku yang berlumut
terkenang ribuan tahun lampau
saat orang suci itu khusuk bersujud di telapakku

Apakah gempa dahsyat telah meruntuhkan negeriku?
Orang suci dan umat baik hati, ke mana pergi?
Ataukah mereka mati oleh keris keramat si khianat?

Segala tanya berpusar liar di rongga gelap kepalaku
Terdengar parau bagai suara burung hantu
atau bisik serak kapak
yang menghiba maaf sebelum menetak
                        pangkal lembut leherku;
Aku tersedu sepanjang malam
terbayang
          terkenang tanah ibu yang jauh
Nasibnya kini tak beda dengan diriku

teronggok berdebu
dipajang jadi tawanan di negeri asing
di buku sejarah tua yang koyak
dikerat kawanan ngengat

Mataku yang retak terisak,
bagaimana mungkin negeri agung ini sirna,
lenyap dalam sekejap
seperti sebutir pasir dipusar angin topan

Tapi sejarah tak selamanya buta
tak selamanya bisu dan tuli
Mata dan telinga yang telah menyaksikan
bagaimana mungkin selamanya lalai
atau berpura tak tahu
Akan tiba seratus atau seribu tahun lagi
Akan tiba saatnya bagai derap kuda di kejauhan
seseorang datang
mengunjungi museum ini
menyusup ke ruang bawah tanah
Ia mendengar bisik serak dan isakku

Takjub aku terpesona
di senyap matanya
aku temukan belahan tubuhku

aku temukan
bayang-bayang negeri masa depan
dan sebarisan orang suci bersila semadi

Seratus atau seribu tahun lagi
                                        akan tiba
akan tiba saatnya wujudku utuh sempurna
Maka di saat gaib itu akan kunyatakan kebenaran
        yang selama ini aku rahasiakan.

Pelajaran Pertama Seorang Aktor

Coba tirukan suara burung hantu
lalu bergeraklah secepat kata pertama
sebab seorang lelaki paruh baya
melekatkan pistol di keningnya

Bayangkan wajah ibumu yang sedih
berjalan perlahan di bawah hujan
kau bersiul di sisinya
menuntun anjing kecil

Begitulah panggung ini menjelma stasiun
tempat sepasang kekasih ingkar janji
yang satu bunuh diri
                    yang lain pura-pura mati

Atau ruang gawat darurat
                    sebuah rumah sakit
dengan jendela terbuka sepanjang malam

                              menunggu bulan mati
Kau dokter sekaligus pasien

berharap maut singgah sejenak
sekedar menguji obat penahan nyeri

Untuk lakon yang penuh kejutan
setiap kejadian
                    menyimpan kemungkinan
bayangan tangan adalah burung elang
                              juga tiang gantungan
Jadi tanggalkan topengmu perlahan
berikan tatap mata yang paling suci
bagi durjana yang ingin mengaku dosa

Jangan abaikan kancing bajumu
                      yang lepas tak sengaja
Siapa tahu itu kebaikan tuhan
menginginkan gerak anggunmu yang spontan

Di sudut ruang remang
di bagian dirimu yang penyendiri
apalah kini bedanya
orang biasa yang sengsara
atau raja buta yang tak bahagia

Grafiti Penuh Grafiti

Tembok penuh grafiti
nyanyian orang-orang mati
pelipur bagi siapa pun
yang tak berumah di dunia ini

Aku temukan celah masuk
di retak tembok itu
bagi sebaris sajakku
yang malu-malu
yang ragu-ragu

Sekelumit kalimat
penahan sayat sakit
pil penenang semalaman
sebelum tiang gantungan

Aku temukan di retak diriku
celah masuk bagi sajak
grafiti penuh grafiti bagi siapa pun
yang tak tersentuh tembok lagi

Maka aku terbaca
kadang menjelma siapa saja
kadang menjadi apa saja

Keluh kekasih-kekasih
yang sedih berpisah
di senja yang indah

Pekik orang usiran
ratapan burung malam
isak hantu dalam gelap

Kadang hanya igauan
kerikil jalanan
yang kedinginan

Wahai sajak yang tak tertolak
Wahai celah retak diriku
Wahai kekasih puitik delapan belas tahun
biarlah kita tak berumah di dunia ini

Dalam Bening Mata Anakmu

untuk ND

Dalam bening mata anakmu
Kau berlarian
                    mengejar layangan
            masa kecil yang hilang.

Sorak mereka bukan bisik angin
yang membujuk umur
                                terulur
melewati tambur mainan di halaman
melewati masa riang burung-burung
ke atas, ke atas
                angan pun lepas
                                    putus
Yang tersisa di gurat tangan
hanya hari yang kusut
                terlilit berbagai berita buruk.

Sorak mereka bukan isak perempuan tua
yang letih bersimpuh di ambang pintu

mendongeng sepucuk surat yang ditunggu
sementara di jalanan kau berlarian
          mengejar tukang pos
menanyakan alamat nasib yang luput

Di halaman anak-anak bergulingan
riang memainkan tambur
                    mengulur umur
meniru burung enggangmu melayang
meniru layangan masa kecilmu menghilang
terbang, terbang
               lebih jauh dari bintang!

Ke langit ke langit
                  doa mereka melewati
tiga pucuk puing pohon jati yang garing
lebih tinggi lebih hening lagi melintasi
        tiga puncak gunung yang murung

Ruh tua sebatang kara terlunta di angkasa
tubuh ringkih letih ini tersisih di dasar bumi.

Penyair Dan Gadisnya

Hanya penyair yang tahu
di tepi kolam
gadisnya murung
membayangkan seekor ulat
di daging apel yang ranum

Seekor ulat yang tergigit
Seperti rasa bersalah
pahitnya tak bersudah
di ujung lidah

Hanya gadisnya yang tahu
penyair semalaman ragu
menyaksikan kolam kehilangan bulan

Publication History

English Title	Original Title	Source
May Fire	Api Bulan Mei	*Ikan Terbang Tak Berkawan.* Jakarta: Buku Kompas, 2003
The Threshold of Evening	Ambang Petang	*Buku Antologi Puisi Jilfest 2008.* Jakarta: JILFest, 2011
Obituary of the Painter Salim	Obituari Pelukis Salim	*Kompas,* 19 October 2008
It is Like That Every Night	Begitulah Setiap Malam	*Kompas,* 8 September 2013
History of a Tree	Hikayat Sebatang Pohon	First time of publication
Praise For Your Hands	Pujian Bagi Tanganmu	*Buku Antologi Puisi JILFest 2008.* Jakarta: JILFest, 2011
Temple	Candi	First time of publication
Memorabilia	Memorabilia	*Buku Antologi Puisi Sauk Seloko.* Jambi: Dewan Kesenian Jambi, 2012
Proverb of a Statue	Amsal Sebuah Patung	*Ikan Terbang Tak Berkawan.* Jakarta: Buku Kompas, 2003
First Lesson of an Actor	Pelajaran Pertama Seorang Aktor	*Kompas,* 9 December 2007
Graffiti Full of Graffiti	Grafiti Penuh Grafiti	*Kompas,* 19 October 2008
In The Clear Eyes of Your Child	Dalam Bening Mata Anakmu	*Ikan Terbang Tak Berkawan.* Jakarta: Buku Kompas, 2003
The Poet And His Girl	Penyair dan Gadisnya	*Media Indonesia.* 23 January 2005

The Translators

Joan Suyenaga

Joan Suyenaga was born and raised in Honolulu, Hawaii, and earned an MA in Anthropology from the University of Hawaii. She began studying traditional Javanese music (gamelan) and language in the early 1970s, and has lived, raised a family, and worked in Yogyakarta as a freelance writer, translator, and editor, focusing on Indonesian and Javanese culture, for over 30 years.

Michael Groß

Michael Groß went to university in Munich and Berlin (MA in 1984, PhD in 1987). From 1988 to 1992 he worked as a lecturer of the German Academic Exchange Service (DAAD) in linguistics and German language at the University of Indonesia in Jakarta. Following his return to Germany, he worked as a teacher of German as a foreign language. He also began to work as a translator of various kinds of Indonesian texts. Since 2004 he has served as co-editor of Kita, a journal published by the German-Indonesian Society (Deutsch-Indonesische Gesellschaft), three times a year.

INDONESIA

NUSA TENGGARA TIMUR

The province of East Nusa Tenggara, made up of more than 500 islands, has a population of about 5 million. But the region's most famous inhabitant is The Komodo Dragon, the largest living species of lizard in the world. The colorful textiles of this province often feature an abstract depiction of this primeval beast.

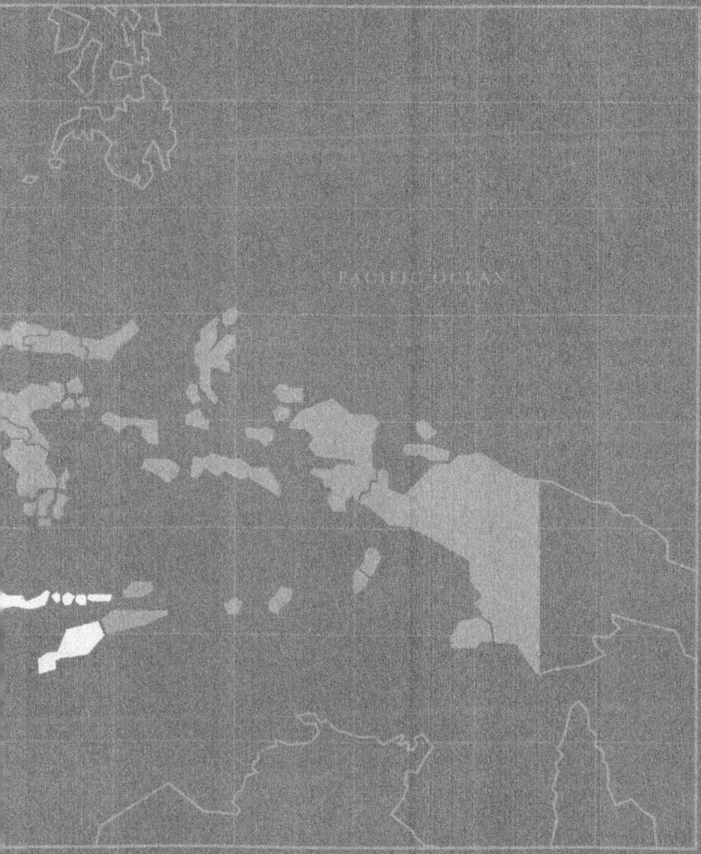
PACIFIC OCEAN